BEI GRIN MACHT SICH IHR WISSEN BEZAHLT

- Wir veröffentlichen Ihre Hausarbeit,
  Bachelor- und Masterarbeit

- Ihr eigenes eBook und Buch -
  weltweit in allen wichtigen Shops

- Verdienen Sie an jedem Verkauf

Jetzt bei www.GRIN.com hochladen und kostenlos publizieren

Bibliografische Information der Deutschen Nationalbibliothek:

Die Deutsche Bibliothek verzeichnet diese Publikation in der Deutschen National-bibliografie; detaillierte bibliografische Daten sind im Internet über http://dnb.d-nb.de/ abrufbar.

Impressum:

Copyright © 2011 GRIN Verlag
Druck und Bindung: Books on Demand GmbH, Norderstedt Germany
ISBN: 9783656366591

Dieses Buch bei GRIN:

https://www.grin.com/document/202630

Dirk Feldmann

"Die Blattlaus: Freund der Ameise" Unterrichtsstunde für das Fach Sachunterricht in der Grundschule (1. Lehrjahr)

GRIN Verlag

GRIN - Your knowledge has value

Der GRIN Verlag publiziert seit 1998 wissenschaftliche Arbeiten von Studenten, Hochschullehrern und anderen Akademikern als eBook und gedrucktes Buch. Die Verlagswebsite www.grin.com ist die ideale Plattform zur Veröffentlichung von Hausarbeiten, Abschlussarbeiten, wissenschaftlichen Aufsätzen, Dissertationen und Fachbüchern.

Besuchen Sie uns im Internet:

http://www.grin.com/

http://www.facebook.com/grincom

http://www.twitter.com/grin_com

Name, Vorname:
Adresse:

Telefon:
E-Mail:

Schule:

Telefon:

Schulleiterin:
Klasse: 1a (18 Schülerinnen und Schüler; 7 Mädchen, 11 Jungen)
Fach: Sachunterricht
Zeit: 8:50 bis 9:35 Uhr

Ausbildungslehrerin:
Ausbildungskoordinatorin:
Hauptseminarleiterin:
Fachleiterin:

1. Thema der Unterrichtsreihe

„Das große Krabbeln" – Wir werden Ameisen-Experten

Eine handlungs- und produktionsorientierte Unterrichtsreihe zur Auseinandersetzung mit der Rolle der Waldameise im heimischen Ökosystem, mit dem Ziel, die Lebensbedingungen und den Körperbau dieser Tiere – unter Anwendung spezifischer biologischer Arbeitsweisen – selbstständig zu erkunden und zu dokumentieren, und die dabei gewonnenen Erkenntnisse für den Bau eines *Formicariums* zu nutzen.

2. Aufbau der Unterrichtsreihe

1. Das weiß ich schon – Das will ich noch wissen!
Die Schülerinnen und Schüler[1] sammeln auf Grundlage ihrer lebensweltlichen Vorerfahrungen erste Fragen und Ideen zur Thematik und stellen im Sinne des Prinzips der Mitplanung Überlegungen zu einem möglichen Handlungsprodukt an, um den nachfolgenden Lernprozess motivierend und zielgerichtet zu gestalten.

2. Diese Werkzeuge braucht ein Naturforscher
Anhand verschiedener Aufgabenformate werden die SuS an den Umgang mit Mikroskop, Lupe, Becherlupe und Insektenfänger herangeführt, um eine korrekte Handhabung dieser Instrumente im weiteren Verlauf der Reihe zu gewährleisten.

3. Die Blattlaus: Freund der Ameise
Die SuS werden für die symbiotische Beziehung zwischen Ameise und Blattlaus sensibilisiert und – erarbeiten – als Vorbereitung auf die "Forscherwoche" zum Thema "Rote Waldameise" – in einem Stationenlauf unter Nutzung der in der vorangegangenen Sequenz kennengelernten Instrumente die Struktur des Körperbaus der Blattlaus, um die naturwissenschaftlichen Arbeitsweisen des Beobachtens und Dokumentierens am Beispiel dieses Tiere anzuwenden.

4. Unsere Forscherwoche zum Thema "Rote Waldameise"
Im Rahmen eines Kooperationsprojektes zum Thema "Rote Waldameise" mit zwei regionalen Kindertagesstätten erkunden die SuS selbstständig die Lebensweise und den Körperbau der Roten Waldameise, um die Arbeitsweisen des Beobachtens und Dokumentierens weiter zu vertiefen.

5. Der Körper der Ameise
Die SuS knüpfen an ihre Wissensbestände aus der "Forscherwoche" an und beschreiben und benennen die Strukturen im Körperbau der Ameise, um darauf aufbauend die körperbaulichen Unterschiede zwischen einzelnen "Berufsgruppen" innerhalb eines Ameisenvolkes zu ermitteln.

6. Was fressen Ameisen?
Die SuS lernen – neben dem Honigtau der Blattlaus – weitere Nahrungsquellen der Ameise kennen, um mit Blick auf das Handlungsprodukt zu erschließen, wie Ameisen gefüttert werden können.

7. Wie ist ein Ameisenhügel aufgebaut?
Die SuS analysieren die einzelnen Komponenten, aus denen ein Ameisenbau besteht und lernen die Funktionsweise dieses Gebildes kennen, um darauf aufbauend einen Überblick über die Materialien zu gewinnen, die für die Einrichtung eines *Formicariums* benötigt werden.

---

[1] Im Folgenden durch „SuS" zugunsten der Lesefreundlichkeit abgekürzt. Aus Gründen der vereinfachten Lesbarkeit wird an entsprechenden Stellen zudem auf die geschlechtsneutrale Differenzierung verzichtet. Entsprechende Begriffe gelten aber im Sinne der Gleichbehandlung grundsätzlich für beide Geschlechter.

8. *Wir bauen eine Ameisenfarm*

Anhand von mitgebrachten Materialien planen und bauen die SuS gemeinsam ein *Formicarium*, um ein Handlungsprodukt mit Gebrauchswert zu erstellen, das anderen Schulklassen präsentiert werden kann.

3. Thematik und Ziele der Stunde

3.1 Schwerpunktziel der Stunde

Das übergeordnete Ziel der hier beschriebenen Unterrichtsstunde besteht darin, dass die SuS die Struktur des Körperbaus der Blattlaus selbstständig erarbeiten sollen, indem sie für dessen Untersuchung und Beschreibung an die im Vorfeld erlangten Kompetenzen im Umgang mit Hilfsmitteln/Instrumenten anknüpfen, um die (naturwissenschaftlichen) Methoden des Beobachtens und Dokumentierens – mit Blick auf die "Forscherwoche" – zum ersten Mal anhand eines *lebenden* Objekts anzuwenden.

4. Fachwissenschaftliche Analyse des Unterrichtsgegenstandes

Element	Beziehung zwischen den Elementen
Blattläuse	Blattläuse oder *Aphidoidea* sind eine Gruppe der Insekten und gehören zu den Pflanzenläusen. Blattläuse sind Phloemsauger, d.h. sie saugen mit ihren Mundwerkzeugen die im Pflanzensaft vorhandenen Nährstoffe aus den Pflanzen. Dabei scheiden sie jedoch sogleich den für sie unbrauchbaren Zucker – sogenannten Honigtau – aus, der zu Rußtaupilzbildung führt, der pflanzenschädigend ist.[2]
Körperbau	Blattläuse erreichen eine Größe von 1,0 bis 4,0 mm. Die meisten Blattläuse besitzen keine Flügel. Bei den geflügelten Blattläusen sind die Flügel vier Mal so groß wie der Körper. Der Körper einer geflügelten Blattlaus ist sichtbar in Kopf, Thorax und Abdomen gegliedert, bei einer Ungeflügelten ist nur eine ovale Körperform zu erkennen. Der Saugrüssel ist in Ruhestellung nach hinten geklappt und befindet sich unter dem Körper. Am Hinterteil befinden sich seitlich sogenannte Rückenröhrchen (Siphonen), aus denen ein Sekret abgegeben wird. Dazwischen liegt das Schwänzchen (Cauda). Des Weiteren besitzen Blattläuse zwei Fühler, die je nach Blattlausart, aus 3-6 Segmenten bestehen. Die sechs Beine sind dünn, zweigliedrig mit jeweils zwei Krallen.[3]
Symbiose zum Schutz vor Feinden	Besonders Ameisen haben eine Vorliebe für den abgesonderten Honigtau der Blattläuse und sammeln diesen, um ihn dann in ihr Nest zu transportieren. Man spricht davon, dass die Ameisen die Blattläuse "melken". Mit ihren Antennen berühren die Ameisen die Blattläuse, damit sie den süßen Honigtau abgeben. Im Gegenzug werden sie von den Ameisen vor Fressfeinden (anderen Insekten, Spinnen und Vögeln) verteidigt. Sobald andere Tiere sich den Blattlauskolonien nähern, werden sie von den Ameisen angegriffen und vertrieben.[4]

---

[2] Vgl. Forum der Fachschaft Biologie der Leibniz Universität Hannover : Die Blattlaus, abgerufen unter: http://www.fsbio-hannover.de/oftheweek/208.htm
[3] Vgl. ebd.
[4] Vgl. Blaum: Ameisen – faszinierende Lebewesen, S. 42.

5. Didaktische Schwerpunktsetzung

5.1 Bezug zu Richtlinien und Lehrplänen

Der **Schwerpunkt** der vorliegenden Lernsequenz besteht darin, dass die SuS sich eigenständig mit der Problematik auseinandersetzen sollen, den Körperbau eines sehr kleinen Tieres/Objekts zu erkunden und zu dokumentieren und hierbei bereitgestellte Hilfsmittel/Instrumente[5] adäquat einzusetzen.

Mit Blick auf **Richtlinien und Lehrpläne** kann der Unterrichtsgegenstand anhand der Kompetenzerwartungen im Bereich „Natur und Leben" des Lehrplans für den Sachunterricht legitimiert werden. Allgemein lässt sich zunächst konstatieren, dass der Sachunterricht dazu beitragen soll, bei den SuS einen verantwortungsvollen Umgang mit der natürlichen und gestalten Lebenswelt anzubahnen;[6] hierunter ist auch die Begegnung bzw. der Umgang mit Tieren in der Natur zu fassen. Als maßgebliche **Kompetenzerwartung** für die vorliegende Unterrichtsstunde lässt sich das Erkunden des Körperbaus und der Lebensbedingungen von Tieren anführen.[7] Die unmittelbare Begegnung mit Natur, Lebewesen und ihren Lebensbedingungen – hier: die Einbeziehung lebendiger Untersuchungsobjekte – soll das Verstehen biologischer und ökologischer Zusammenhänge fördern. Hiermit wird eine wesentliche Voraussetzung geschaffen, Achtung und Verantwortungsbewusstsein im Umgang mit Lebewesen zu entwickeln – gerade bei Insekten fällt dies vielen Kindern im Grundschulalter sehr schwer.[8] Ebenso wird die vorliegende Stunde der Forderung des Lehrplans gerecht, fachbezogene Methodenkompetenz auszubilden, die die Kinder benötigen, um ihre Lebenswirklichkeit erschließen und verstehen zu können.[9] So werden die SuS *ansatzweise* an die **Technik des wissenschaftlichen Arbeitens** herangeführt, indem sie Vermutungen über die Struktur des Körperbaus der Blattlaus aufstellen sollen und ihre Hypothesen durch **praktisches Handeln** überprüfen. Für eine Überprüfung der von den SuS aufgestellten Hypothesen wiederum ist ein methodisch korrekter Umgang mit entsprechenden Instrumenten/Hilfsmitteln notwendig, wie er auch vom Lehrplan eingefordert wird.[10]

5.2 Gegenwarts- und Zukunftsbedeutung sowie Exemplarizität

Der beschriebene Unterrichtsgegenstand stellt sich als für die SuS **gegenwärtig bedeutsam** dar, weil die Lernenden bei der Beschreibung und Dokumentation des Körperbaus der Blattlaus grundlegende biologische Denk- und Arbeitsweisen anwenden, die mit Blick auf die "Forscherwoche" (14. bis 17. Juni 2011) für eine möglichst selbstständige Auseinandersetzung mit dem Körperbau und den Lebensbedingungen der Roten Waldameise beherrscht werden sollten. Somit tritt zunächst nicht der Inhalt, sondern die *Methode* in den Vordergrund: Die Erarbeitung des Körperbaus der Blattlaus dient in erster Linie als Anknüpfungspunkt, um die im Vorfeld erworbenen methodischen Kompetenzen im Vorfeld der "Forscherwoche" erproben. Die systematische Übung und Anwendung der von den SuS zuvor erlangten methodischen Fähigkeiten und Fertigkeiten erfolgt somit anhand eines Inhaltes, der in seiner thematischen Struktur Analogien zum eigentlichen Schwerpunkt der "Forscherwoche" erkennen lässt; die Untersuchung von Blattläusen kann somit – in Anlehnung an KLIPPERT – als eine Art "Trockenübung" angesehen werden.[11] Erst mit Blick auf das **Handlungsprodukt** erschließt sich auch die Bedeutsamkeit des *Inhalts*: Die Auseinandersetzung mit den Lebensgewohnheiten von Ameisen für die Konzeption eines *Formicariums* schließt den Aspekt der Symbiose von Blattlaus und Ameise ein. Um auch **zukünftig** verantwortungsvoll mit der Natur umzugehen, sollten gerade im ersten Schuljahr entsprechende Einstellungshaltungen grundgelegt werden. Kinder im Grundschulalter besitzen häufig eine ambivalente Einstellung gegenüber Insekten. Dass jedes (kleine) Tier jedoch eine ganz besondere Ästhetik besitzen kann, wird den SuS erst deutlich, wenn sie dazu angeleitet werden, bewusst Details wahrzunehmen. Die **Exemplarizität** des Unterrichtsgegenstandes verbindet sich eng mit dessen ge-

---

[5] Im Wesentlichen sind dies Mikroskop (Binokular) und Lupen mit unterschiedlichem Vergrößerungsgrad.
[6] Ministerium für Schule und Weiterbildung des Landes Nordrhein-Westfalen: Richtlinien und Lehrpläne für die Grundschule in Nordrhein-Westfalen, S. 39.
[7] Vgl. ebd., S. 44.
[8] Vgl. Gläser: Große Vielfalt und eindrucksvolle Besonderheiten, S. 2.
[9] Vgl. ebd., S. 39.
[10] Vgl. Richtlinien und Lehrpläne für die Grundschule in Nordrhein-Westfalen, S. 51
[11] Vgl. Klippert: Methodenlernen in der Grundschule, S. 36-40.

genwärtiger Bedeutsamkeit: Viele grundlegende biologische Arbeitsweisen lassen sich am Thema "Insekten" umsetzen.[12]

5.3 Didaktische Prinzipien

Die oben beschriebene Unterrichtseinheit bzw. diese Stunde berücksichtigt – wenn auch nicht in vollem Umfang – das **Prinzip der Handlungs- und Produktionsorientierung**. Handlungsorientierter Unterricht geht im Idealfall von einem konkreten Problem aus (hier: Wie können wir ein *Formicarium* bauen? Welche Aspekte des Lebens der Ameise sind hierfür relevant?), für dessen Bewältigung die Lernenden eine zielgerichtete Planung entwickeln und auf ihre individuellen Kompetenzen zurückgreifen müssen.[13] Der Aspekt des „Handelns" verbindet sich innerhalb dieser Stunde eng mit dem Gesichtspunkt des manuellen Tuns. Selbstverständlich lassen sich jedoch nicht alle Kriterien handlungsorientierten Unterrichts mit Blick auf den Entwicklungsstand der Kinder erfüllen. Angesichts des naturwissenschaftlichen Schwerpunkts der vorliegenden Unterrichtsstunde kommt dem **Lernen durch Wahrnehmen und Beobachten** eine besondere Bedeutung zu.[14] Ausgehend von einer konkreten Problemstellung (Wie ist der Körper der Blattlaus aufgebaut?) müssen sich die SuS im Rahmen der einzelnen Lernangebote beispielsweise entscheiden, welche Hilfsmittel für die Lösung einer Fragestellung benötigt werden oder welche Position für eine Beobachtung eingenommen werden muss.[15] Somit finden sich (vereinzelt) Anknüpfungspunkte zum Prinzip des **"Entdeckenden Lernens"**: Da das zu untersuchende Objekt so klein ist, dass die eigene Sinneswahrnehmung für eine Erforschung nicht ausreicht, sind die Kinder zunächst dazu aufgefordert, Vermutungen zu äußern und diese dann anhand der ihnen zur Verfügung stehenden (Hilfs-)mittel zu bestätigen oder zu widerlegen. Einschränkend muss jedoch an dieser Stelle konstatiert werden, dass aufgrund der Lernvoraussetzungen der SuS, ein gewisses Maß an Lenkung durch die Lehrkraft unumgänglich ist. Zur Unterstützung der Prozesse beobachtenden Lernens bei den SuS ist es – mit Blick auf die sich erst im Aufbau befindlichen methodischen Kompetenzen in diesem Bereich – notwendig, den Kindern eine Auswahl an Lern- bzw. Beobachtungsangeboten anzubieten, die sie darin unterstützen, ihre Beobachtungsprozesse zielgerichtet zu gestalten.[16] Das Lernen an Stationen bietet hierzu einen angemessenen Rahmen.

Hinsichtlich der Durchführung der Arbeitsphase, sowie der Dokumentation und Reflexion der Ergebnisse ist in dieser Stunde zudem das **EIS-Prinzip** nach Bruner von Bedeutung: Die enaktive Ebene (Originalbegegnung mit lebenden Tieren), die ikonische Ebene (Dokumentation von Ergebnissen durch Zeichnungen, Bilder in Abeitsanweisungen) und die symbolische Ebene (Darstellung der Ergebnisse auf verbaler Ebene, schriftliche Fixierung der Ergebnisse) greifen in der vorliegenden Lernsequenz ineinander. Nicht zuletzt berücksichtigt die vorliegende Unterrichtsstunde das Prinzip des **sozialen Lernens**: Die SuS lernen nicht nur miteinander, sondern auch voneinander; die individuellen Stärken der Kinder sollen sich bei der Partnerarbeit ergänzen.[17]

5.4 Didaktisches Material / Funktion von Leitmedien

Zu Beginn der Unterrichtsstunde werden die einzelnen Tischgruppen anhand eines **Legepuzzles**, welches die Identifikationsfigur der Reihe zeigt, in den Sitzhalbkreis geholt. Des Weiteren spielen sowohl zu Beginn als auch im Weiteren Verlaufe der Stunde die lebenden Blattläuse eine Rolle, um den SuS eine Originalbegegnung zu ermöglichen. Für die Reaktivierung des Vorwissens, das Probehandeln und die Arbeit an den Stationen sind als wesentliche Medien **Mikroskope/Binokulare, Lupen und Becherlupen** zu benennen. Während der gesamten Stunde kommt der **Sprache** eine wichtige Funktion als Leitmedium zu. Die SuS tauschen sich während der Initialphase über ihre Vermutungen aus, wobei die Meldekette die Diskussion weitgehend in die

---

[12] Vgl. Blaseio: Kleine Tiere ganz groß, S. 5.
[13] Vgl. Gudjons: Handlungsorientiert lehren und lernen, S. 79-92.
[14] Vgl. Blaseio: Kleine Tiere ganz groß, S. 5.
[15] Vgl. Hempel/Lüpkes: Lernen im Sachunterricht, S. 84f.
[16] Vgl. ebd., S. 86.
[17] Vgl. Fölling-Albers: Soziales Lernen in der Grundschule, abgerufen unter:
http://familienhandbuch.de/cmain/f_Aktuelles/a_Schule/s_300.html

Hände der Kinder legt. Im Zuge der Arbeitsphase müssen sich die SuS über ihr Vorgehen an den Stationen, sowie über ihre gemachten Entdeckungen austauschen und sich darüber verständigen, wie diese dokumentiert werden können. Die Ergebnisse sollen von den Kindern auf **Ergebnisblättern** fixiert werden, die an den einzelnen Stationen ausliegen und nach erfolgter Bearbeitung hinter die **Stationsübersicht** ("Laufzettel") geheftet werden. Auch die Präsentation/Reflexion soll weitgehend in die Hände der Kinder gelegt werden, wobei vorgegebene **Satzanfänge** sowie **Bildkarten zu den einzelnen Stationen** den SuS eine Hilfe geben können.

5.5 Differenzierungsmaßnahmen (innere Differenzierung) unter Berücksichtigung des sachstrukturellen Entwicklungsstandes der Kinder und der Niveaustufen

5.5.1 Lernvoraussetzungen der Schülerinnen und Schüler

Die unter Punkt 3 formulierte Schwerpunktziel soll von den SuS in der vorliegenden Sequenz auf unterschiedlichen Wegen erreicht werden können. Um dies umsetzen zu können, ist es zunächst notwendig, die allgemeinen und dann die speziellen Lernvoraussetzungen der SuS der Klasse darzustellen.

Hinsichtlich der **allgemeinen Lernvoraussetzungen** der SuS der Klasse 1a muss zunächst konstatiert werden, dass sich die Klasse in ein relativ leistungsstarkes (Anforderungsniveau III) und ein relativ leitungsschwaches Segment (Anforderungsniveau I) untergliedert; es ist auffällig, dass es nur wenige Kinder in der Klasse gibt, die *eindeutig* in Anforderungsniveau II einzuordnen wären. Außerdem gilt es allgemein zu beachten, dass über ein Viertel der Kinder einen Migrationshintergrund besitzt; dies äußert sich momentan vor allem in einem eingeschränkten Wortschatz, Schwierigkeiten bei der Syntaxbildung, sowie in mangelndem Aufgabenverständnis. Des Weiteren muss an dieser Stelle erwähnt werden, dass es ein wichtiges Anliegen der GS Mühlenberg ist, die SuS zur **Selbstständigkeit** und zur **Kooperationsfähigkeit** zu erziehen; Anlässe für das Lernen in Partner- oder Gruppenarbeit sollten somit produktiv genutzt werden.

Im Folgenden soll nun auf die **speziellen Lernvoraussetzungen** einzelner SuS eingegangen und daraus resultierende, notwendige Differenzierungen im Lernangebot begründet werden. Die nachfolgende tabellarische Darstellung verdeutlicht die jeweiligen Lernbedingungen der SuS sowie deren Berücksichtigung im Zuge der Planung der Unterrichtsstunde:

Anforderungs-bereiche[18]	Bildungsstandards	Aufgabenbeispiel
AB Wiedergeben	Die SuS geben bekannte Informationen wieder und wenden grundlegende Verfahren und Routinen an.	Die betreffenden SuS können die Namen der Hilfsmittel (Lupe,...) benennen und ihre Handhabung ansatzweise verbalisieren. Das Probehandeln zu Beginn der Stunde muss so ausführlich gestaltet werden, dass auch diese Kinder den Arbeitsauftrag verstehen. Das Verständnis der Beobachtungsaufgaben an den Stationen wird durch Zuteilung eines leistungsstärkeren Partners gewährleistet. Bei der Präsentation der Ergebnisse sollen vorformulierte Satzanfänge auf Textstreifen eine Hilfestellung bieten.
AB Zusammenhänge herstellen	Die SuS bearbeiten vertraute Sachverhalte, indem sie erworbenes Wissen und bekannte Methoden anwenden und miteinander verknüpfen.	Die SuS greifen auf die in den vergangenen Sequenzen erarbeiteten Inhalte zurück und können die Hilfsmittel sicher benennen sowie deren Handhabung erläutern. Diese SuS arbeiten relativ selbstständig an den Stationen und müssen ggf. punktuell vom LAA unterstützt werden. Die Präsentation/Reflexion der Ergebnisse wird ihnen durch o.g. Textstreifen und Beispiele anderer SuS erleichtert.
AB Reflektieren und Beurteilen	Die SuS bearbeiten für sie neue Problemstellungen, die eigenständige Beurteilungen und eigene Lösungsansätze erfordern.	Die Reaktivierung und Anwendung bisheriger Lernbestände erfolgt schnell und sicher; die betreffenden Kinder bearbeiten die Aufgaben an den Stationen schnell und selbstständig. Eine quantitative Differenzierung in Form von Zusatzstationen ist notwendig. Im Rahmen der Reflexionsphase nehmen diese Kinder die Ergebnisse ihrer MitschülerInnen interessiert zur Kenntnis und diskutieren bzw. berichtigen strittige Ergebnisse. Diesen SuS ist es möglich, auf ihr bisher erworbenes Weltwissen zurückzugreifen und diesbezügliche Beobachtungen mit einfließen zu lassen.

Im Weiteren möchte ich kurz auf einige Kinder eingehen, die Besonderheiten aufweisen: Der Schüler Ju. leidet unter ADHS und hat daher zuweilen Probleme effektiv mit anderen Kindern zusammenzuarbeiten; hier wird es ggf. notwendig sein, das Kind durch gezielte Hinweise zur Arbeit zu motivieren. Dasselbe gilt auch für Ja., der zeitweise durch verbal-aggressives Verhalten gegenüber anderen Kindern auffällt, wenn er sich unbeobachtet glaubt. Wegen grob- und feinmotorischer Probleme wird es dem Schüler Ja. ggf. nicht möglich sein, effektiv mit Lupe und Mikroskop zu arbeiten; auch das Schreiben bereitet ihm Probleme. Das Arbeiten in Partnerarbeit könnte eine Hilfestellung bedeuten, obwohl die Zusammenarbeit mit anderen Kindern von ihm noch nicht effektiv gestaltet wird. Zudem ist der betreffende Schüler häufig sehr unaufmerksam. Die Kinder Z., N., Ro., und N. scheinen sehr interessiert am aktuellen Thema zu sein. Dies zeigt sich in qualitativ guten Beiträgen und gezielten Impulsen für die Weiterarbeit. Bei den Kindern E., M., Ma., I. und Se. sind die Kenntnisse der deutschen Sprache eingeschränkt, sodass während der Arbeitsphase zu beobachten sein wird, ob der Arbeitsauftrag korrekt verstanden wurde; ggf. ist es notwendig, dass die jeweiligen Partner die Aufgabe nochmals in eigenen Worten erklären. Fachsprachliche Begriffe, die nicht korrekt ausgesprochen werden, werden ggf. berichtigt. Der Schüler D. besitzt darüber hinaus eine Rot-Grün-Sehschwäche.

5.5.2 Differenzierung

Die SuS, die in der o.g. Tabelle **Anforderungsbereich 1** zugeordnet wurden, haben Schwierigkeiten, Aufgabenstellungen zu verstehen, deren Format ihnen bisher unbekannt ist. Für diese Kinder ist es generell notwendig, das **Probehandeln** ausführlich zu gestalten und mit **Anschauungsmaterialien** zu arbeiten, damit Aufgabenstellungen mit Sinn gefüllt werden können: Diese SuS denken und arbeiten größtenteils auf konk-

---

[18] Vgl.: Ministerium für Schule und Weiterbildung des Landes NRW. Kompetenzorientierung – Eine veränderte Sichtweise auf das Lehren und Lernen in der Grundschule. Materialien. Handreichung. In: Schule in NRW Nr. 9043, S. 33ff.

ret-anschaulicher Ebene, sodass es notwendig sein, die Handhabung von Hilfsmitteln wie Lupe oder Mikroskop zu **demonstrieren** und zu **erläutern**. Darüber hinaus muss die Lernumgebung (Lernaufgaben an den Stationen, Arbeitsauftrag, Beobachtungsauftrag, Stundenfahrplan) durch Nutzung von Symbolen und Wortkarten (z.B. "die Lupe") **medial differenziert**[19] **werden**. Bei der Zusammenarbeit mit einem Partner kommt für diese Kinder das Prinzip der **sozialen bzw. unterstützenden Differenzierung**[20] zum Tragen: Aufgabenstellungen können nochmals erläutert werden, Herausforderungen beim Lesen und Schreiben werden gemeinsam in Angriff genommen.

Diejenigen Kinder, die auf **Anforderungsniveau 2** arbeiten, dürften durch die Arbeit an den Stationen ausgelastet sein. Die Arbeit an den Stationen ist quasi „**natürlich**" **differenziert**; die SuS können – mit Ausnahme der Station an der sie beginnen – entscheiden, welchen Aspekt des Körperbaus sie bearbeiten möchten und sich die entsprechende Station aussuchen. Nicht jedes "Forscherteam" muss alle Stationen bearbeiten – im Rahmen der Präsentations-/Reflexionsphase fügen sich die Teilergebnisse der Kinder zu einem Ganzen zusammen.

Einigen der leistungsstärksten SuS (**Anforderungsniveau 3**) wird es ggf. gelingen, alle Stationen zu durchlaufen; eine **quantitative Differenzierung** erscheint notwendig, um das Aktivitätsniveau dieser Kinder konstant zu halten. Die betreffenden Kinder sollen an einer Zusatzstation, weitere Informationen über die Blattlaus sammeln.

5.6 Analyse einer Lernaufgabe als zentrierende Mitte

Nimmt man die Aufgabenstellung von Station 3 (siehe Anhang) als Beispiel, so wird deutlich, dass die SuS an den meisten Stationen vor die Problematik gestellt werden, ein funktionsangemessenes Hilfsmittel auszuwählen. Die Herausforderung für viele SuS wird bei der hier genannten Station darin bestehen, die Anzahl der Beine zu erfassen, während sich das Tier bewegt. Die sich anschließende Teilaufgabe, ein Bein der Blattlaus (schematisch) wiederzugeben, kann nur korrekt gelöst werden, wenn die Kinder ihre Beobachtung intensiv genug durchführen: Es ist zu erwarten, dass einige SuS das Bein als einfachen Strich darstellen; bei genauerer Betrachtung fällt jedoch auf, dass das Bein aus zwei Körpergliedern besteht – bei Wahl der richtigen Lupe ist es sogar möglich, die kleinen Krallen am Ende der Extremitäten wahrzunehmen und zu dokumentieren. Sollte sich am Ende der Unterrichtsstunde die Zeit bzw. Gelegenheit ergeben, so würden die SuS – im Rahmen einer Eventualphase – dazu aufgefordert, (u.a.) diesen Aspekt zu reflektieren, indem sie auf einem Plakat Fehler innerhalb einer Detail-Zeichnung einer Blattlaus identifizieren.

5.7 Deutsch in allen Fächern als Prinzip

In dieser Unterrichtsstunde können die Kinder ihre Fähigkeit, sich verständlich, sprachlich korrekt und situationsgerecht auszudrücken weiter entwickeln – sowohl bei der Diskussion innerhalb der Partnerarbeit als auch später bei der Präsentation und Reflexion der Ergebnisse. Des Weiteren reaktivieren die SuS ihr Wissen über die Namen und Bestandteile der ihnen bekannten Hilfsmittel und benennen die einzelnen Strukturen im Körperbau der Blattlaus. Die Zusammenarbeit in Forscherteams soll einerseits zur Weiterentwicklung des Wortschatzes dienen und darüber hinaus – in Ansätzen – das Argumentieren schulen. Zudem sollen gerade diejenigen Kinder, deren Muttersprache nicht Deutsch ist, ihre Fähigkeit erweitern, in ganzen Sätzen zu sprechen und zu diesem Zweck vorgegebene Satzmuster zu antizipieren (Beispiel: „Eine Blattlaus hat sechs Beine. Das habe ich an Station 3 mit einer Becherlupe herausgefunden.").

---

[19] Vgl. Maras/Ametsbuchler/Eckert-Kalthoff: Handbuch für die Unterrichtsgestaltung in der Grundschule, S.88.
[20] Vgl. ebd.

6. Tabellarische Übersicht über den geplanten Unterrichtsverlauf

10. Juni 2011, 8:50 Uhr bis 9:35 Uhr

1. Handlungssituation: Initialphase	Didaktischer / methodischer Kommentar
Der LAA begrüßt die SuS	Das Anstimmen des „Guten-Morgen-Liedes" signalisiert den SuS den Beginn der zweiten Schulstunde und ermöglicht einen geregelten Beginn des Unterrichts.
Die SuS verbalisieren der Reihentransparenz	Mithilfe der Reihentransparenz soll gewährleistet werden, dass das Vorwissen der SuS aktiviert wird. Die Reihentransparenz gibt den Kindern eine Orientierungshilfe an die Hand, um die heutige Unterrichtsstunde in den Verlauf der Reihe einzuordnen. Ggf. wird der LAA die SuS dafür sensibilisieren, die Bedeutung der Stunde mit Blick auf das Ziel der Reihe einzuordnen
Die SuS stellen den "Stundenfahrplan" vor	Die Stundentransparenz informiert die Kinder über den Ablauf und das Ziel der heutigen Stunde und ermöglicht es ihnen, sich auf die Inhalte der Stunde einstellen zu können. Die Transparenz ermöglicht es zudem, dass die Kinder selbstständiger und organisierter arbeiten können.
Der LAA holt die SuS in den Sitzhalbkreis	Mit Hilfe eines Legepuzzles, welches die Identifikationsfigur der Reihe zeigt, werden die SuS gruppenweise in den Sitzhalbkreis geholt. Die SuS müssen das Puzzleteil auf ihrem Gruppentisch mit dem jeweils an der Tafel befestigten Puzzleteil vergleichen, was wiederum die Wahrnehmung der SuS anregen soll.
Der LAA führt die Kinder an die Problemstellung heran	Der LAA verweist darauf, dass eine besondere Beziehung zwischen Ameise und Blattlaus bestehe und wartet Schüleräußerungen diesbezüglich ab. Indem der LAA den SuS die heutige Stundenaufgabe vorstellt, den Körperbau der Blattlaus zu untersuchen, wird eine Inhalts- und Zieltransparenz für die Stunde gegeben.
Die SuS äußern Vermutungen zum Körperbau der Blattlaus	Der LAA lässt die SuS (in ganzen Sätzen) Vermutungen über den Körperbau der Blattlaus anstellen und fixiert diese auf einem Plakat.
Die SuS reaktivieren ihr (methodisches) Vorwissen zur Weiterarbeit am Stundenthema	Des Weiteren zeigt der LAA den SuS ein Behältnis mit Blattläusen und problematisiert die geringe Größe der Tiere; durch diesen Impuls sollen die SuS dazu angeregt werden, ihr Vorwissen bezüglich Hilfsmitteln ("Forscherwerkzeugen") zur Beobachtung und Dokumentation kleiner Tiere zu reaktivieren. In Anknüpfung an die Inhalte aus der letzten Lernsequenz und die gerade genannten Schüleräußerungen sollen die SuS an der Tafel einzelne, kurze Aussagen in Form von Satzstreifen den entsprechenden Instrumenten/Hilfsmitteln zuordnen. Durch diese Zuordnungsaufgabe sollen bereits erlernte Fachtermini wiederholt und für die Weiterarbeit gesichert werden.
Di SuS werden probehandelnd tätig, indem sie die Handhabung von Lupe und Mikroskop erläutern	Anschließend lässt der LAA von einigen Kindern die Handhabung der zur Verfügung stehenden Instrumente demonstrieren und erläutern.

Vermutetes Handlungsergebnis: Der Rekurs der bisherigen Unterrichtsreihe sowie die Vorstellung der Stundentransparenz durch die SuS machen ihnen den Sinn und Ablauf der Unterrichtsstunde bewusst, sodass sie zielgerichteter und motivierter lernen und arbeiten. Die Reaktivierung des Vorwissens dient hierbei dem Zweck, zentrale Begriffe der Stunde für alle SuS verfügbar zu machen. Anhand des Probehandelns werden die Kinder an die Stundenaufgabe herangeführt.

2. Handlungssituation: Arbeitsphase	Didaktischer / methodischer Kommentar
Die SuS verbalisieren Arbeits- und Beobachtungsauftrag und klären den organisatorischen Rahmen der Stationsarbeit	Die SuS versuchen, den (visualisierten) Arbeitsauftrag zu erlesen und mit Sinn zu füllen. Der LAA ergänzt ggf. Aspekte und beantwortet Fragen der Kinder diesbezüglich ab. Der Beobachtungsauftrag wird kurz durch den LAA erläutert. Das nochmalige Betonen des am Ende der Stunde stehenden Ziels soll die Kinder motivieren, ihre Arbeit effektiv zu gestalten. Weitergehend wird auf die Organisation der Arbeit an den Stationen kurz verwiesen; der sog. „Time-Timer" wird auf 15 min eingestellt; zwei Kinder nehmen die Aufgabe des „Zeitwächters" wahr. Je zwei SuS bilden ein "Forscherteam" und erhalten einen Laufzettel für die Arbeit an den Stationen, auf dem notiert ist, an welcher Station begonnen wird.
Die SuS setzen sich an den einzelnen Stationen mit verschiedenen Beobachtungsaufgaben zum Körperbau der Blattlaus auseinander	Die SuS erarbeiten sich die Aufgabenstellung an den verschiedenen Stationen (möglichst) selbstständig und dokumentieren ihre Ergebnisse, indem sie die an den Stationen ausliegenden Materialien bearbeiten und beim Verlassen der Station hinter ihren Laufzettel heften. Die Bearbeitung der Aufgabe in Partnerarbeit verfolgt einerseits das Ziel, die SuS zu einem fachlichen Austausch anzuregen. Andererseits soll auch das soziale Lernen geschult werden. Diejenigen Kinder, die alle Stationen bearbeiten konnten erhalten an einer Zusatzstation die Möglichkeit, sich weiter über die Lebensweise der Blattlaus zu informieren. Dieses Angebot dient sowohl der quantitativen als auch qualitativen Differenzierung.
Die "Zeitwächter" beenden die Arbeitsphase	Ein akustisches Signal soll den SuS anzeigen, dass nun eine neue Phase innerhalb der Stunde beginnt. Die Gruppen kommen mitsamt ihrer Ergebnisse in den Sitzhalbkreis.

Vermutetes Handlungsergebnis: Die SuS bearbeiten die ihnen gestellte Aufgabe möglichst selbstständig, sodass der LAA Zeit für die Beobachtung und Beratung einzelner Kinder hat. Die SuS fixieren ihre Ergebnisse und stellen Überlegungen mit Blick auf das Stundenziel an.

3. Handlungssituation: Präsentation und Reflexion	Didaktischer / methodischer Kommentar
Die SuS präsentieren und reflektieren ihre Arbeitsergebnisse	Die SuS vergleichen die von ihnen aufgestellten Vermutungen mit ihren Ergebnissen (inhaltliche Ebene) und stellen Übereinstimmungen oder Abweichungen heraus. Hierbei sollen die SuS stets einen Rückbezug zu der Station herstellen, an der sie zu dem entsprechenden Ergebnis gekommen sind und ihre Vorgehensweise reflektieren (methodische Ebene). In einer Eventualphase sollen die SuS Fehler in einer Detail-Zeichnung einer Blattlaus identifizieren.
Der LAA beendet die Präsentation/Reflexion	Der LAA würdigt die Ergebnisse der Kinder mit Blick auf das Ziel der Stunde. Es wird Motivation für die Weiterarbeit geschaffen.
Die SuS stellen einen Bezug zur kommenden Lernsequenz her	Den SuS wird ein Ausblick auf die "Forscherwoche" gegeben. Die Kinder sollen ihren heutigen Lernzuwachs in Beziehung zu den Aktionen der Forscherwoche setzen. Die Gruppensprecher organisieren letztendlich die Aufräumphase.

Vermutetes Handlungsergebnis: Die SuS präsentieren und reflektieren ihre Ergebnisse mit Blick auf die "Forscherwoche". Die aktuelle Stunde wird somit in einen größeren Sinnzusammenhang eingeordnet.

7. Literatur und Internetquellen

Blaseio, Beate: Kleine Tiere ganz groß. In: Weltwissen Sachunterricht 3/2009, S. 4-5.

Blaum, Leonhard: Waldameisen – faszinierende Lebewesen. In: Bildung Umwelt 1/2004, S. 41-44.

Forum der Fachschaft Biologie der Leibniz Universität Hannover : Die Blattlaus, abgerufen unter: URL: http://www.fsbio-hannover.de/oftheweek/208.htm, 28.05.2011, um 20:18 Uhr.

Gläser, Eva: Große Vielfalt und eindrucksvolle Besonderheiten. Kinder erforschen Insekten im Sachunterricht. In: Grundschule Sachunterricht 44(2009), S. 2-7.

Gudjons, Herbert: Handlungsorientiert lehren und lernen. 7., aktualisierte Auflage. Bad Heilbrunn, 2008.

Hempel, Marlies/Lüpkes, Julia: Lernen im Sachunterricht. Lernplanung – Lernaufgaben – Lernwege. Baltmannsweiler 2009.

Kahlert, Joachim: Der Sachunterricht und seine Didaktik. Bald Heilbrunn, 2005.

Klippert, Heinz/Müller, Frank: Methodenlernen in der Grundschule. Bausteine für den UNterricht. Weinheimt/Basel/Berlin, 2. Auflage, 2004.

Maras/Ametsbuchler/Eckert-Kalthoff: Handbuch für die Unterrichtsgestaltung in der Grundschule. Donauwörth, 2010.

Meyer, Hilbert: Unterrichtsmethoden II: Praxisband. Berlin, 2005.

Ministerium für Schule und Weiterbildung des Landes Nordrhein-Westfalen: Richtlinien und Lehrpläne für die Grundschule in Nordrhein-Westfalen. Düsseldorf, 2008.

Ministerium für Schule und Weiterbildung des Landes NRW. Kompetenzorientierung – Eine veränderte Sichtweise auf das Lehren und Lernen in der Grundschule. Materialien. Handreichung. In: Schule in NRW Nr. 9043.

Fölling-Albers: Soziales Lernen in der Grundschule, abgerufen unter: URL: http://familienhandbuch.de/cmain/f_Aktuelles/a_Schule/s_300.html , 30.05.2011, um 23:12 Uhr.

8. Anhang

8.1 Aufgabenstellung für Station 3

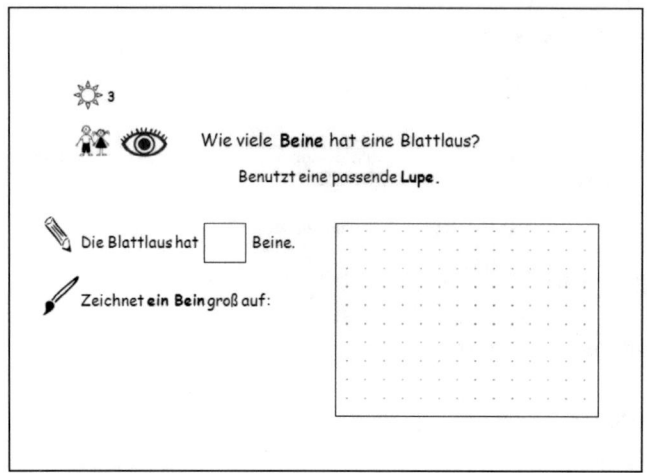